大江大河
全景手绘百科

文/王宸   图/夹知手绘组

大运河

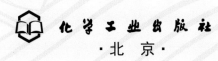

化学工业出版社

·北 京·

图书在版编目（CIP）数据

大江大河全景手绘百科 . 大运河 / 王宸文；臾知手绘
组图 . —北京：化学工业出版社，2022.8
ISBN 978-7-122-41222-5

Ⅰ . ①大… Ⅱ . ①王… ②臾… Ⅲ . ①大运河—中国—
儿童读物 Ⅳ . ① K928.42-49

中国版本图书馆 CIP 数据核字（2022）第 062679 号

审图号：GS 京（2023）0044 号

臾知手绘组：成立于 2015 年，团队成员来自游戏设计、壁画、影视、
艺术品设计、舞台、雕塑、油画等各个行业，坚持精细化创作，致力于
通过手绘方式为读者带来更好的阅读体验。

出 品 人：李岩松
责任编辑：笪许燕
营销编辑：龚 娟 郑 芳
责任校对：边 涛
装帧设计：王 婧

出版发行：化学工业出版社
　　　　　（北京市东城区青年湖南街 13 号　邮政编码 100011）
印 　　 装：北京卡梅尔彩印厂
787mm×1092mm　1/8　印张 8¹/₂　字数 120 千字
2023 年 4 月北京第 1 版第 1 次印刷

购书咨询：010-64518888
售后服务：010-64518899
网 　　 址：http://www.cip.com.cn
凡购买本书，如有缺损质量问题，本社销售中心负责调换。

定 　　 价：98.00 元

引 言

"中国大运河"是世界上开凿时间最早、沿用最久、规模最大的人工运河，2014年被列入《世界遗产名录》。

它其实是三条运河的总称——以洛阳为中心的隋唐大运河、在元朝裁弯取直的京杭大运河、自杭州到宁波的浙东运河。

京杭大运河像一条南北走向的巨龙，卧在我国东部平原上。它虽然有南北两端，但谈不上谁是源头，每个河段都有自己的补给水源。

隋唐大运河则像个睡倒的"人"字，撇伸向杭州，捺伸向涿郡（现在的北京西南一带）。

而浙东运河最袖珍，像个小尾巴，将大运河连通入海。

"中国大运河"流经北京、天津两个直辖市和河北、山东、安徽、河南、江苏、浙江六个省，沟通了海河、黄河、淮河、长江、钱塘江五大水系，全长约3200千米。

为什么要花这么大力气兴修运河？

古时候，水路运输的成本远低于陆路，也更加方便、轻松。要是靠人赶着车往京城或边关运补给，得走几个月，消耗掉的粮食搞不好比送过去的还多。船的装载量就大了，需要的人力和畜力也少，最费劲的活儿全由河水帮着干了。

江淮流域发展起来以后，逐渐出现了这样的局面——经济文化中心在南方，政治军事中心却在北方。要想保证这两个中心的联系，就必须开辟、维持一条贯穿南北的水路"大动脉"，好让物资和信息流动起来，真正把全国整合成一体。

可惜，中国地势西高东低，南北走向的河流很少。既然没法"捡现成"，只好辛苦些，人工修建了。

"中国大运河"是勤劳智慧的中国人，在数千年里用无数双手开凿、无数臂膀托举起来的文明成果。京杭大运河与长城、坎儿井并称为中国古代三大工程，至今还在忙忙碌碌地发挥着新的功能。

通惠河，是大运河北边的起始段。它源自北京昌平区白浮村的神山泉，泉水曲曲折折地流入瓮山泊（就是颐和园的昆明湖，不要以为它一直是人工湖哦，在元朝，它可是天然湖泊），再流向积水潭，在皇城中心溜达一圈，在现在的崇文门外往东，抵达朝阳区杨闸村后又折向东南，在通州高丽庄（现在的张家湾村）汇入北运河，全长82千米。

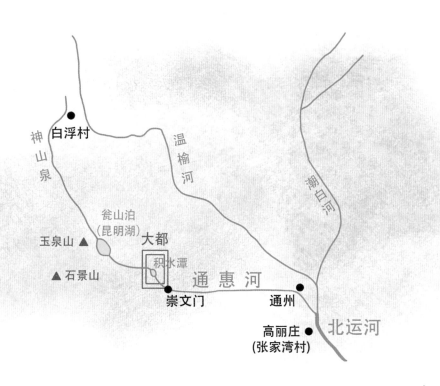

（示意图）

通惠河的来历

在元朝,大运河的北段最初只到通州,离终点大都(现在的北京)还有20多千米,中间没有任何可以利用的天然河道。所以,南方输送来的物资要想进京,还要转陆运。每年光粮食就有几万石(1石相当于60千克),如果赶上秋雨绵绵的坏天气,道路泥泞、湿滑,"驴畜死者不可胜计",运输成本非常高。

为了解决这个难题,元朝皇帝忽必烈下令将大运河延长至大都,而主持这项工作的正是著名科学家郭守敬。

郭守敬有丰富的水利知识和水利工作经验,当时宁夏平原上唐徕、汉延等干渠的疏浚工作,就是由他负责的。大运河延长工程,从启动到通航只用了一年半时间,简直是奇迹。

郭守敬首先选定了优质水源,就是神山泉,然后让它向西绕了个大弯,注入瓮山泊,再流向东南。从地图上看,这一段路线像个大写的"C",将大都包在里面。为什么这样大费周章,而不是让神山泉水直接南下注入大运河呢?这还得从"海拔"的概念说起。要知道,海拔这个词最先就是由郭守敬提出来的,是指物体高出海平面的垂直距离。

神山泉的海拔大约60米,而元大都的海拔大约50米,水往低处流,所以神山泉的水是可以引到大都来的,但是,在大都东南边的大运河和神山泉中间还横着两条海拔更低的河——沙河和清河。如果直接引水南下,泉水就会直接汇入沙河和清河,顺着谷地往东"溜掉",进不了大运河。所以,郭守敬想出了避开两条"拦路河"的主意,顺便还能将沿途的各路泉水都汇集起来,这样水量就大了,方便修建船闸,让满载南货的船顺利平稳通行。

其实在这么大的范围内,十几米的水位落差是很小的,能设计出这么巧妙的线路,说明郭守敬对地形起伏了如指掌,而且勘测精密,稍微有点偏差都做不到顺利通航。在当时的技术条件下,他是怎么做到的呢?到目前为止,还是个谜。

元世祖忽必烈相当重视这项工程,命令丞相以下的官员都要上工地干活儿。至元三十年(公元1293年)秋天,他从上都(位于现在的内蒙古锡林郭勒盟)回到大都,看到"舳舻(zhú lú)蔽水",大批江南粮船直接驶到了积水潭,非常高兴,给新修好的河段赐名"通惠河"。

积水潭的变迁

积水潭是漕运的总码头，这一带很快成为繁华的闹市，商旅云集。元朝人黄文仲在《大都赋》里描绘这里摇动的船橹比东海的鱼还多，扬起的风帆，比南山的竹笋还密。

明清时期，它被拆分、填塞，面积缩小，逐渐变成了前海、后海和西海（积水潭）三海，统称什刹海，但依然碧波荡漾，风景宜人，文人墨客们常在这里吟诗作对，流连忘返。

到了清末民国，"荷花市场"兴起，卖冰碗子之类消暑小吃，还有河鲜。《天咫（zhǐ）偶闻》这样描述它的情境："长夏夕阳，火伞初敛。柳阴水曲，团扇风前。几席纵横，茶瓜狼藉。玻璃十顷，卷卷溶溶。菡萏（hàn dàn）一枝，飘香冉冉。"光看这几行字，都能闻见清爽的莲蓬味儿。

粮仓云集的朝阳门

明清北京城是在元大都的基础上发展起来的，废弃了北边的一片，又增建了南边的外城。

通惠河的一段被圈进了皇城里，所以粮船又不能进京了，只能停泊在通州张家湾码头。卸下来的粮食装上大车，由朝阳门进城。因此，朝阳门也叫"粮门"，门洞北侧墙上镶着一块刻有谷穗的石板。

朝阳门附近的官仓一起承担着京城储粮的重任：北边的海运仓、北新仓，中间的南新仓、旧太仓、兴平仓、富新仓，南边的禄米仓。它们有些变成了胡同的名字，一直保留到今天。

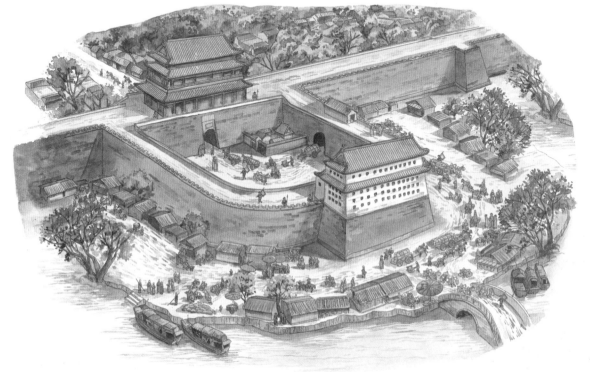

北运河又称潞河、白漕等，上游是发源于军都山南麓（lù）的温榆河，在通州北关与通惠河汇合以后，才叫这个名字。它流经河北省香河县、天津市武清区，在天津三岔河口和南运河握手，全长186千米。

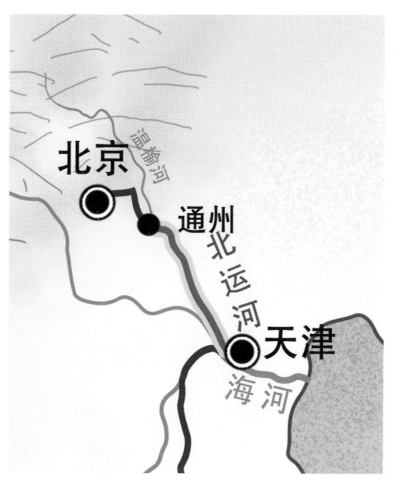

（示意图）

通州古称潞县，现在的名字取自"漕运通济"。

它是京城的"东大门"，地理位置至关重要，有"一京二卫（天津）三通州"的说法。《永通桥碑记》写道："凡四方万国贡赋由水道以达京师者，必萃于此，实国家之要冲也。"坐船进京的人也都要在通州上岸，改走陆路。

通州其实有两个！另一个是现在的江苏南通。

燃灯舍利塔

燃灯舍利塔是通州的"地标"，在北运河岸边三百米左右，漕船远远瞧见塔尖，就知道快到终点，胜利在望了。所以大家口口相传："一枝塔影认通州。"

"古塔凌云"是明代"通州八景"之一，喜欢到处题诗的乾隆皇帝有一次去清东陵祭祖，路过通州，也称赞它"郡城塔景落波尖"。

验粮楼

燃灯舍利塔不远处有一座大光楼，原名"验粮楼"，顾名思义，是检验粮食的地方。

在清朝，每年北上的漕船有两万多艘，首尾相接十几里，浩浩荡荡，人称"万舟骈集"，也是"通州八景"之一。户部侍郎带领坐粮厅官员就在大光楼盯着，检查漕粮是否合格。

大光楼上的对联就形象地描绘了这里的景象："高处不胜寒，溯沙鸟风帆，七十二沽（gū）丁字水；夕阳无限好，看燕云蓟（jì）树，百千万叠米家山。"

开漕节

明清时期，通州有个特别的节日——开漕节。

它是庆祝第一批漕粮运到的日子，通常在每年农历三月初一，官方和民间都会举行隆重的祭祀、祈福和庆祝活动，有舞狮子、叠罗汉、踩高跷等热闹的表演。

船工号子

北运河上的船工号子也很出名，干活的时候来上几嗓子，不光能统一大家的步调，还能振作精神，效率就更高了。

其中一首是这样唱的："通州城啊好大的船，燃灯宝塔作桅杆，钟鼓楼的舱，玉带河的缆，铁锚落在张家湾。"

漕运兴盛的时候，指着这个行当吃饭的船工可多了，运河船工号子震天响，所以有"十万八千嚎天鬼"的说法。

运河号子有起锚号、揽头冲船号、摇橹号、出仓号（装仓号和它相同）、立桅号、跑篷号、闯滩号、拉纤号、绞关号、闲号等十种，除起锚号为齐唱外，其余都是一人领唱众人和。

出不出活儿，全看领号人。他们大多是有经验的船工，地位和报酬都高，肩上的责任也重。

　　三岔河口是天津的发祥地。在这里，北运河和子牙河交汇，再和南运河交汇成海河。现在的网红打卡点"天津之眼"，就横跨在三岔河口的永乐桥上，站在巨大的摩天轮上，可以饱览整个天津市的美景。

　　海河是全国七大水系之一，也是华北地区最大的水系，注入渤海。它上游支流繁多且分散，下游却集中，很容易出现洪峰，影响航运。

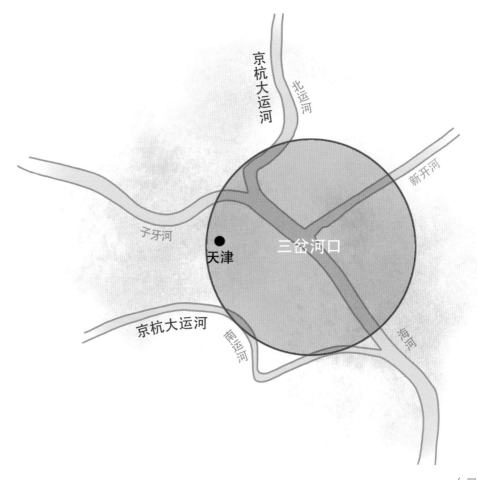

（示意图）

万国建筑博览馆

天津是中国古代唯一有确切"生日"的城市！

它在金朝叫直沽（gū）寨，在元朝叫海津镇。到了明朝，燕王朱棣（dì）带着部属在三岔河口登船，顺着运河一路南下，去争夺皇位，历史上称为"靖难之役"。朱棣称帝后，便把都城从南京迁到北京，并在这里筑城，赐名天津，意思是"天子津渡"，用来纪念"靖难之役"。为了守护北京，还在这里设立军事部门"卫"，"天津卫"的别称就是这么来的。

天津的历史并不悠久，经历却相当丰富，素有"百年中国看天津"的说法。运河两岸的风景和地标建筑，都在向我们无声地诉说着那段悲壮与悲凉的历史。

1860年到1945年间，英国、法国、美国、德国、意大利、俄国、日本等列强，先后在天津划定了租界，建起不受中国管理的"国中之国"。各种风格的小洋楼多达千幢，天津也成了"万国建筑博览馆"。

"五大道"是英租界内的一片街区。有一百多位近现代名人在这里留下了足迹，几乎每幢老房子都蕴含着故事。

望海楼

望海楼又叫海河楼，旁边建有望海寺和崇禧观（原名香林苑）。它们算是皇家园林，康熙和乾隆两位皇帝巡幸天津时，都曾在这里上香、休息。

第二次鸦片战争以后，法国人拆除了崇禧观，建起"圣母得胜堂"，不过大家都叫它"望海楼教堂"。

不到一年，它就在"天津教案"中被愤怒的百姓烧毁了。后来，法国天主教会用清政府的赔款重修了教堂，然而在1900年的义和团运动中，它再次被烧毁。现在我们看到的望海楼教堂，是1903年用"庚子赔款"复原的。

杨柳青年画

天津杨柳青、河南开封朱仙镇、山东潍坊杨家埠、江苏苏州桃花坞并称"中国年画四大家"。

杨柳青镇位于天津西边，夹在子牙河和南运河中间。明朝时，这里兴起了年画，运河带来了南方的宣纸和绘画材料，又把这里的年画销往全国各地，到了清朝中期，杨柳青年画盛极一时，镇子里和周边遍布年画作坊，"家家会点染，户户善丹青"。

杨柳青年画的特色是"半印半绘"：先用木版雕出画面线稿，然后用墨印在上面，套过两三次单色版，再手工填绘。这种制作方法让刀法和笔触相映成趣，在保证效率的同时更加灵活，同一幅线稿想精细、粗犷都可以。

曲艺之乡

由于交通便利，五湖四海的人都在这里扎堆，南腔北调汇聚、融合，越来越"哏（gén）儿"，形成了风趣幽默的天津方言，也让天津成为名副其实的"曲艺之乡"。

相声、评书、快板、天津时调、京韵大鼓……在天津"落地开花"的民间说唱艺术，你还知道哪些？

南运河是海河水系当中最长的一条，北起天津三岔河口，流经河北沧州、衡水一带，南到山东临清，全长400多千米。

新中国成立以后，因为扩建四女寺枢纽、开挖独流减河，南运河被截断了，两个端点就变成了天津静海十一堡、山东德州的四女寺节制闸。

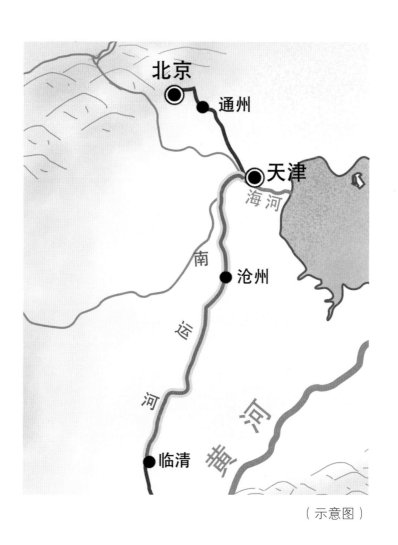

（示意图）

15

华北属于季风气候，降水非常集中，所以南运河的水量往往夏天充沛，一到冬春就捉襟见肘，起起落落的水位给航运带来了极大的困难。

明清时期，朝廷最重视"保漕"，在冬春会暂时关闭民渠民闸，禁止引南运河水灌溉农田。后来，这片区域的泉灌、井灌相当发达，可见无论什么困难都难不倒百姓，他们总有无穷的智慧。

减河是怎么回事？

减河是人工河道，目的在于减少河流的水量，免得洪水漫溢或决口。有的减河直接注入大海或湖泊，有的在下游重新汇入干流。

独流减河因靠近天津静海区独流镇而得名，是根治海河工程的重要组成部分。

沧州铁狮子

这只铁狮子的年纪可不小，后周广顺三年（公元953年）铸成，算起来有1000多岁了。传说它威

风凛凛地站在这里，是为了镇压海啸，因此得了个"镇海吼"的美称。它和定州开元寺塔、正定隆兴寺铜菩萨像、石家庄赵州桥并称"华北四宝"。

2001年4月，北京科技大学给铁狮子"做了体检"：身长6.264米，宽2.981米，通高5.47米，重约32吨。

如此巨大的铁狮子，就是今天铸造起来也不容易，聪明的古代工匠用"泥范明铸法"造就了它。

毕竟岁数太大，加上风吹日晒雨淋，所以铁狮子"生病"了，锈蚀严重。各路专家想尽办法"抢救"它，却不见好转，反倒"病"得越来越厉害。

于是，人们重新铸造了一只一模一样的铁狮子，让它继续守护沧州人。我们现在看到的那尊英姿飒爽的铁狮子，其实是2011年才"出生"的。

泥范明铸法是怎么回事？

泥范明铸法是商朝人发明的一种铸造方法，沿用到近代。"范"指铸造器物的模子，材质可以是泥、石头、金属等，"模范"的说法也是这么来的。

它的具体步骤如下：

1. 制模：制作一比一的泥模，如果设计了花纹，也需要刻上去。

2. 翻外范：把泥模晾一会儿，在外面裹上湿泥，用力拍压成泥片，半干后，用刀划成一块块，取下烘烤，制成外范。

3. 制内范：将泥模刮去薄薄的一层，然后烘烤，制成内范。刮去的厚度就是要铸造的青铜器的厚度。

4. 合范：将外范和内范套起来，合拢，用范盖封闭，并留下浇注孔。

5. 浇铸：从浇注孔把青铜液灌进去，冷却后，弄碎外范，掏出内范，打磨修整，青铜器就铸好了。

后母戊鼎、四羊方尊这样的旷世珍品，都是这样来到世间的。

沧州为什么成为"武术之乡"？

古时候，沧州是兵家必争之地，经常遭受战火，是流放犯人的去处。

这里土壤盐碱严重、灾害频繁，光靠种田根本养活不了那么多人。听起来似乎不是什么好地方！

别急，它也有优势——大运河从沧州穿过，让这里成为南北水陆交通的交会点，南来北往的官员、生意人和货物都在这里汇集。于是，镖局、旅店等行业跟着兴盛起来。镖师供不应求，很多人走上习武之路，希望凭功夫闯出一方天地。渐渐地，沧州就成了武术之乡。

沧州出过很多武术门派，光拳械门类就有50多种，占了全国的40%，最出名的是"八大门派"：劈挂、八卦、燕青（迷踪）、功力、查滑、八极、六合、太祖。

镖不喊沧州

古时候镖局押镖有点像现在的武装押运，就是保护和运送货物，一般是值钱或者重要的东西。走镖有很多门道和规矩，其中之一就是"亮镖威"——经过一个地方，要将货物上插着的旗子高高升起，放开喉咙，喊出自己的江湖名号。可是，到了沧州地界就不能这么高调了，只能摘下旗子，悄无声息地往前赶路。

为什么会这样？因为沧州武林实在是藏龙卧虎，如果谁"不信邪"，非得逞强，就很可能惹恼哪路高手，吃个大亏。

四大海盐场

盐是我们生活中的必需品，最常见的是用海水晾晒得到的海盐。中国有四大海盐场，分别是长芦、苏北、布袋、莺歌海。

渤海沿岸的长芦盐场规模最可观，足足占了全国海盐年产量的四分之一。

这里有宽阔平坦的泥质海滩，风多雨少、日照充足、蒸发旺盛，自然条件非常适合晒盐。

长芦盐场最早是从沧州发展起来的，有过"万灶青烟皆煮海，一川白浪独乘风"的盛景。沧州是当时北方最大的盐运码头，大运河上"南来载谷北载鹾（cuó，盐）"，然而由于技术手段更新（煮盐变晒盐）、水路阻塞等原因，盐业重心逐渐北移到大津周边。

18

鲁运河又叫会通河，自山东临清到台儿庄（也有说法是江苏徐州）。它和黄河来了个十字交叉，被分成南北两段，总长500千米左右。

它是元世祖忽必烈下令开凿的，动用了250多万人，至元二十六年（公元1289年）全线贯通，目的是将隋唐大运河"截弯取直"，缩短南粮北运的距离，漕船就不需要拐个大弯、绕道洛阳了，大大地节约了运粮成本。

（示意图）

19

运河的开通让聊城成了幸运儿，它一下子跃升为漕运的咽喉之地，被誉为"漕挽之咽喉、天都之肘腋"。

明清时期，社会上流传着一句话，"南有苏杭，北有临张"，热闹繁华程度可见一斑。临张指临清和张秋，都归聊城管辖。

每逢漕运季节，来自全国的货物源源不断地抵达，然后在这里分装，送往各地——江南的绸缎、纸张、细巧小玩意，景德镇的瓷器，关外的毛皮，山东和河北的大宗农产品……

明朝大学士李东阳形容这里"官船贾舶纷纷过，击鼓鸣锣处处闻""城中烟火千家集，江上帆樯万斛来"。

文学故事的发生地

运河不仅运来了琳琅满目的商品，还引来了大量文人雅士，他们让聊城频频出现在文学作品中。《水浒传》、"三言二拍"、《聊斋志异》《老残游记》当中许多故事的"舞台"都在这里。比如说，"武松打虎"就发生在张秋镇的景阳冈。

最赚钱的衙门——钞关

明清时期，朝廷在运河上设置了好些钞关，最有分量的是这"八大钞关"——崇文门、河西务、临清、九江、浒墅、扬州、北新、淮安。保存到今天的，只有临清一座。

20

钞关最重要的职能是向来来往往的船只、货物收关税，此外要协助各地稽查逃犯、检查过路官员的通行证明、核验外国使团的通行凭证。来自朝鲜、日本甚至欧洲的使团通常在宁波登岸，然后顺着运河一路进京。

为了防止逃税，阅货厅前拉起了铁索，直抵运河两岸，开关时才撤掉。

明朝万历六年（公元1478年），临清钞关的收入高达83200两白银，而山东省全年的税收折合白银才8860两，真是不比不知道，一比吓一跳。到了清朝，这里每年也能给朝廷赚来四万两白银。

贡砖的制作

紫禁城、太庙、天坛、明十三陵、清东陵、清西陵……这些皇家建筑所用的砖，对品质的要求非常严格，不光要结实耐用，还得颜值过硬，大小、重量不能有丝毫差异，质感要像大理石一样光滑细腻。这样的砖全国只有两大产地："贡砖"大部分来自临清，"金砖"则来自苏州。

"贡砖"的生产工艺非常复杂精细——

1. 选取黄河淤积的"莲花土"。

2. 碎土过细筛以后，将没有杂质和颗粒的精土放进池子里浸泡。

3. 过滤出细泥膏，让人或牲畜踩踏，去除里面的气泡。

4. 醒泥（将泥放置一段时间）、摔泥，将泥膏放进铺了湿布的砖模内（这样容易倒出来），以板拍打，用铁弓刮掉多余的泥，成坯。

5. 取出砖坯，盖上戳（chuō）印，晾干。

6. 将砖坯装进土窑，拿豆秸或棉柴烧半个月以上，再用水慢慢洇（yīn，浸）窑，让砖由红变青，然后出窑。

砖坯上的戳印大有门道！不光标明了年代，还能读到督造官员、窑主、工匠姓名等信息，万一出了质量问题，方便追责。

南旺分水枢纽位于山东济宁境内的汶（wèn）上县，海拔39米，是大运河的最高点，号称"水脊"。它是大运河的"心脏"工程，科学价值、技术水平和四川都江堰相比都毫不逊色。

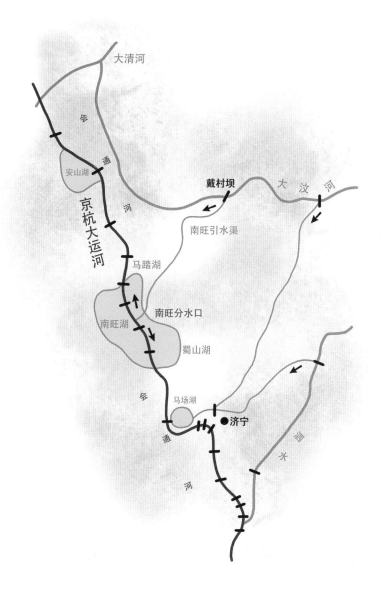

（示意图）

我们都知道，水往低处流。而大运河全线地势最高的一段，偏偏是处在中间的鲁运河，而鲁运河的最高处在南旺。要是水源不充足，南旺一带就会断流。

如何让水"爬"上这个高高的水脊，确保漕运畅通？元朝的做法是"四水济运"：引大汶河、泗河、洸（guāng）河、府河注入大运河。可惜分水口选在了南边的济宁城区，那里的海拔比南旺比低3米，因此"南水每有余，北水常不足"，南来的船只走到南旺就搁浅了，无法继续北上，只好绕道海上。久而久之，鲁运河就像个摆设，到元朝末年，基本就废弃了。

南旺分水枢纽

海上风高浪急，漕运风险太大，所以还是得想办法将运河用起来。

"逆天"地将这个问题解决掉的，是明朝永乐年间的工部尚书宋礼。

接到治理鲁运河的任务以后，他动员16万多民工，全面疏通了河道。然而水还是上不来，成了一条"干河"。

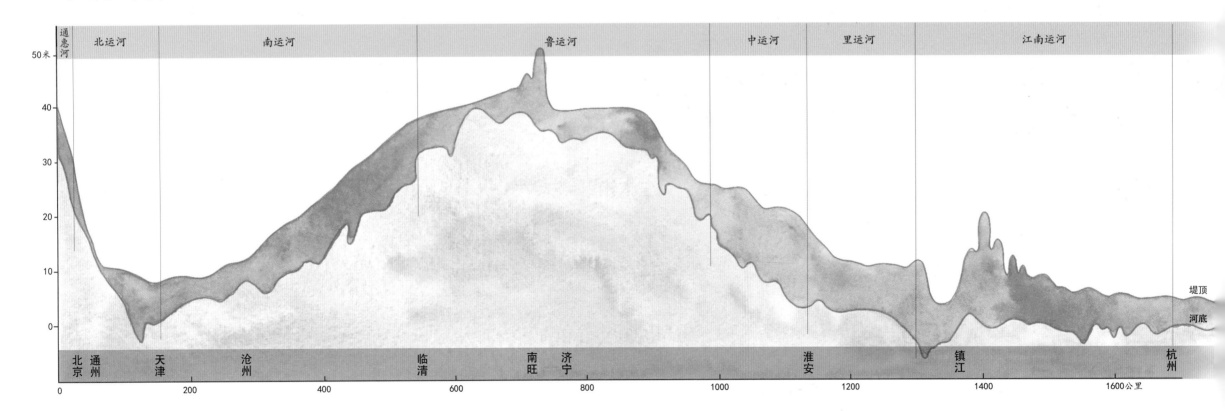

宋礼愁得吃不下睡不着，四处微服察访，终于找到了民间水利专家"汶上老人"白英。

白英被宋礼的诚意打动，拿出了一套环环相扣的方案，核心思想就是给南旺这个最高点供水：

1.在大汶河上筑戴村坝，截断大汶河，抬高水位，超过南旺。

2.挖一条岔流，把大汶河水引到南旺，流进运河。而且用"鱼嘴"这个巧妙的装置让河水一分为二，70%往北流，30%往南流，就是人们常说的"七分朝天子，三分下江南"。

3.改造周边原有湖泊，把它们变成"水柜"，相当于现在的水库。

4.在大运河主干道上修建一系列水闸，丰水期关闸蓄水、枯水期开闸放水，这样一年四季流入大运河的水量就稳定了。

元朝每年的漕运量只有30万担。南旺分水枢纽投入使用以后，年漕运量猛增到400万～800万担，差不多能满足北京百万人口的需求。要是加上流通的其他商品，年货运量高达3500万担。

神奇的船闸

大运河的河道高高低低、起伏不定，给航行带来了大麻烦，于是人们发明了船闸。它由闸门、闸室组成，通过闸门的开启和闭合来控制两边的水位升降，好让船只平稳通过。

落差大的河段往往有多道闸门，形成阶梯船闸，又叫复式船闸。元朝在鲁运河的临清到济宁段建造了31座船闸，这是世界上最早的阶梯船闸。靠着它们，往来的船只就可以轻松地"翻山越岭"了。

周家店船闸遗址

鲁运河因为船闸密集，所以得了个"闸河"的外号。

聊城市的周家店船闸是目前大运河上保存最完整的复式船闸，始建于元朝大德四年（公元1300年），1936年重修。

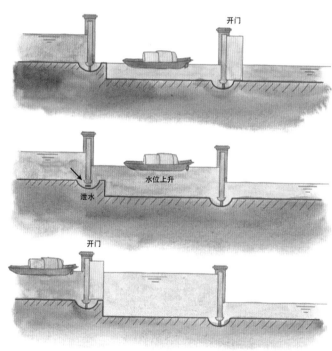

阶梯船闸工作原理

南四湖

"南四湖"位于江苏、山东两省边界，是微山湖、昭阳湖、独山湖、南阳湖的总称。它们连在一起，也是大运河的重要"水柜"。

这里是鲁西南的"鱼米之乡"，盛产芦苇、莲藕、鱼虾、鹅鸭之类，风景秀美，令人心旷神怡。

中运河北起山东台儿庄（也有说法是微山县），南到江苏淮安，长约186千米。

很长时间里，黄河是"夺淮入海"的——抢了淮河的路，让淮河没有像样的路可走。这也影响到了运河，它不得不借用徐州到淮阴（现在叫淮安）的黄河河道，由于黄河含沙量高、容易决口，不光行船危险，也"连累"运河，经常淤塞。

明清时期，人们在治理这段运河上下了不少功夫——开凿多条河道、改造黄河运口，才在康熙四十二年（公元1703年）彻底实现了运河同黄河的分离。潘季驯和靳辅是明清两朝治水的功臣。

（示意图）

27

淮安坐落在南北方分界线上，又位于大运河与淮河的交汇处，号称"九省通衢（qú，大路的意思）"。

最著名的"九省通衢"还有湖北武汉、山东滕州、河北正定、安徽定远等地。

清口枢纽

黄河改道后，在淮安的清口与淮河、大运河相遇，这下情况就变得相当复杂了。

黄河水势强，又多沙，所以时常会倒灌，造成淮河和运河泥沙淤积，航道受阻。怎么办？

于是就有了清口枢纽。它是大运河上最复杂、最有科技含量的工程之一，40多平方千米范围内，密集分布着50多处各种类型的文化遗产，体现了明清两朝许多人的治水智慧。

清口枢纽采用潘季驯的治水思想：一方面"束水攻沙"，在黄河上修建一系列堤坝，让河床变窄，水流加快，好"拖泥带沙"，快速通过，减少淤积。另一方面"蓄清刷黄"，把淮河的支流和洪泽湖充分利用起来，筑洪泽湖大堤——高家堰，以抬高水位。一旦淮河和运河的河口被堵，就开闸放水，把泥沙"刷"下去。

放水的力度是关键，太强会危及运河堤岸，太弱，又达不到通航需求。所以，运河状况的好坏，全在于黄河同淮河的脆弱平衡。

康熙皇帝南巡时，好几次亲临高家堰，说这是"第一要紧"的工程。雍正、乾隆年间也拨巨款，不断加固高家堰，用石料修出了一道"水上长城"。

高家堰的石头墙用《千字文》来标记长度，每个字就是一百丈。上面还分段刻着半浮雕式的麒麟、仙鹤、灵芝、银锭等吉祥图案，和"风平浪静""金堤永固"之类的铭文。

南船北马

在清江大闸边，有一块"南船北马 舍舟登陆"的石碑。

由于清口枢纽运行不算特别顺畅，南粮北运的关键时段只允许漕船通行。北上的旅客必须在清江大闸东面下船，来到黄河对岸的王家营，在这里骑马或坐车，继续赶路；南下的旅客正好反过来，骑马坐车改乘船。

镇淮楼

镇淮楼始建于北宋，乾隆年间为了压制水患，才改成这个名字。

船只抵达淮安，就相当于走完了最险最难的路，安全了。所以，大家都会登上镇淮楼祭酒，庆祝幸运。

水上立交

2003年，淮安"水上立交"工程竣工，淮河终于摆脱了"害河"的恶名，不再年年闹灾。

"水上立交"就是一座水的立交桥，位于淮安南郊，采用"上槽下洞"式设计，大运河与苏北灌溉总渠（淮河入海水道之一）在这里实现了立体交会：淮河走下面，大运河走上面。千吨级货船成群结队、毫无障碍地在运河上往来穿梭，令人叹为观止。

淮河和大运河总算可以各自独流，不再互相"扯后腿"了。

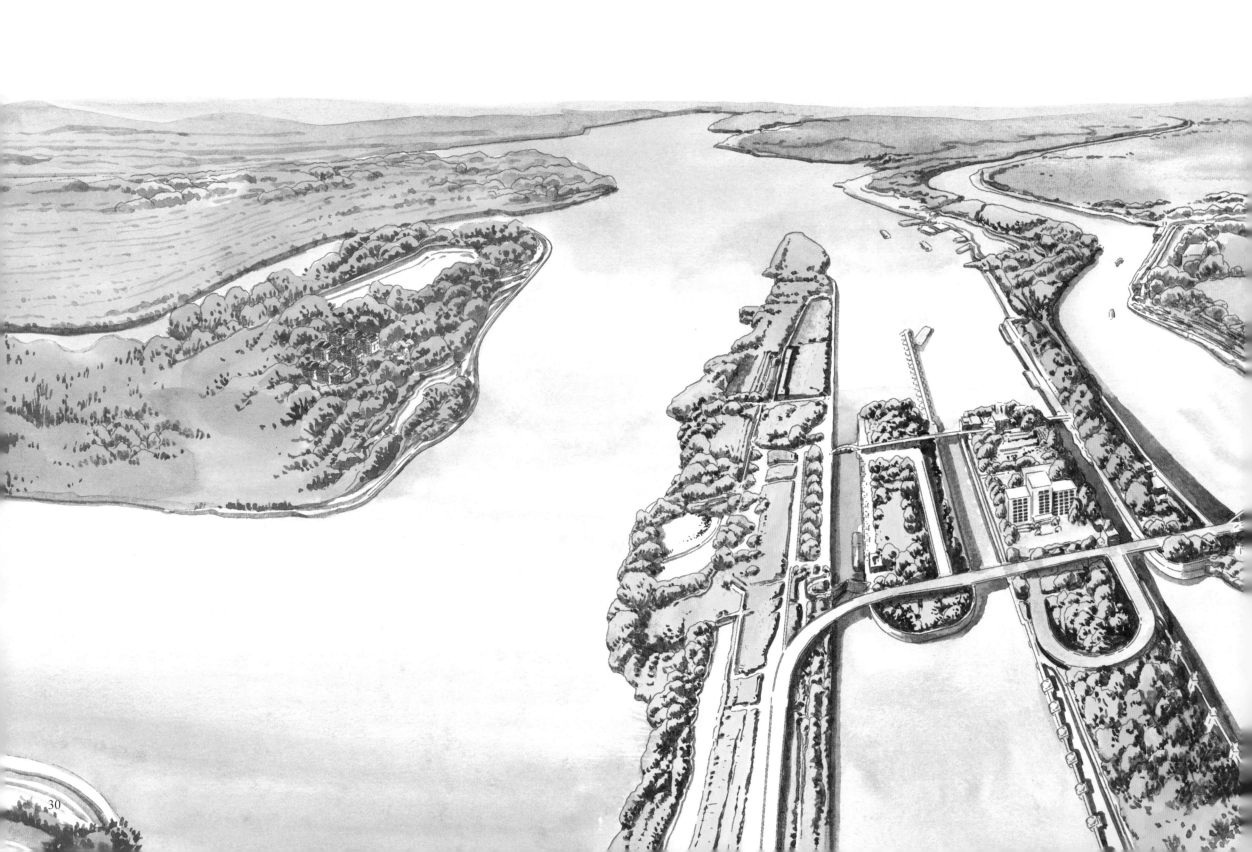

里运河是"中国大运河"最早开凿的一段，又叫淮扬运河，长约168千米，流经江苏省淮安市、宝应县、高邮市、扬州市。

它和长江的交汇点原先在瓜洲古渡，新中国成立以后改在了扬州市邗（hán）江区六圩（wéi）。"南水北调"工程的东线，也利用了里运河。

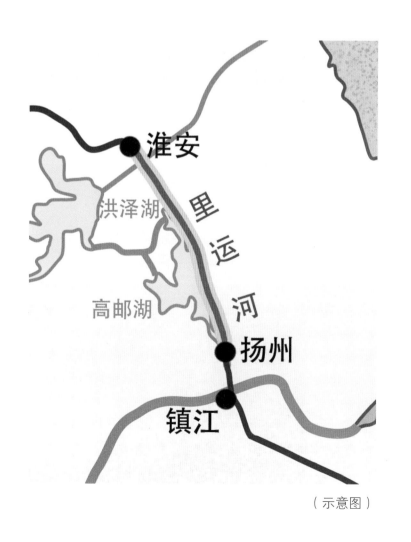

（示意图）

唐朝中后期，扬州不光是东南经济重镇、全国最重要的水陆交通中心之一，也是国际化的大都市，无数来自中亚、波斯（现在的伊朗）或阿拉伯地区的"胡商"在这里兜售奇珍异宝、寻找发家的机会。当时出现了"扬一益二"的说法，除了长安和洛阳，最繁华的地方就数扬州和益州（现在的四川成都）了。

"胡商离别下扬州，忆上西陵故驿楼。为问淮南米贵贱，老夫乘兴欲东游。"面对扬州，连杜甫都不禁跃跃欲试。

关于扬州的诗句一抓一大把，比如说李白的"故人西辞黄鹤楼，烟花三月下扬州"；徐凝的"天下三分明月夜，二分无赖是扬州"；张祜（hù）的"十里长街市井连，月明桥上看神仙。人生只合扬州死，禅智山光好墓田"……

扬州几乎成了诗人们共同编织的一个梦境，只要看到这两个字，眼前就会自动浮现水光山色、莺歌燕舞。

里运河的前身

春秋晚期，位于江苏南部的吴国渐渐强大，吴王夫差想北上伐齐、争霸中原。可是路程实在太远了，粮草运输和行军都很困难。坐船倒是个好主意，成本低多了。可是，吴国和齐国之间没有直通的水道，怎么办？

经过一番研究，公元前486年，夫差下令从邗城（就是现在的扬州）开始，挖一条河沟，直通淮河。它就是里运河的前身——邗沟。

当时的工程量并不算大，主要是像串珠子一样，将天然湖泊连缀起来。

与大运河同生共长的城市

隋朝大运河的开通，进一步抬高了扬州的地位。它成了连接都城与江南富庶之地的交通枢纽，各类物资经这里源源不断地运往洛阳、长安等中心地区。

隋炀帝非常喜欢扬州，将它"晋封"为第三都城，改名江都。他曾经三下扬州，建了很多行宫，乐而忘返，连葬身之地都在这里。

严格的"坊市制度",也是率先在扬州被打破的。长安和洛阳的街区格局都是规规矩矩的"棋盘",商业区(市)和住宅区(坊)分开,一到晚上各坊就关门闭户、实行宵禁,人们不能随意上街走动。然而到了唐朝后期,扬州出现了热闹的沿河商业街,甚至有了"夜市千灯照碧云"的盛况。没有扬州当"先锋",也许就没有北宋时期汴京的熙熙攘攘。

盐业的兴盛让明清时期的扬州富甲天下。

扬州本身不产盐,却靠近苏北盐场(也叫两淮盐场,是四大盐场之一),还是两淮盐运使的官署所在地,所以引来了大量盐商。他们个个腰缠万贯,变

着法子攀比烧钱,滋养了精致异常的文化:书画史上独树一帜的"扬州八怪"、被列入"中国大运河"遗产的瘦西湖和个园、在国宴上唱主角的淮扬菜……

扬州八怪

他们是康熙中期至乾隆末年活跃在扬州地区的一批书画家,风格相近,都比较嶙峋怪异。具体是哪八位,说法有好几种,不过其中之一是我们比较熟悉的郑板桥。他擅长画兰、竹、石、松、菊等,代表作是《竹石图》。

江南运河又叫江南河、浙西运河，全长约330千米。它北起江苏扬州、镇江一带，流经常州、无锡、苏州，绕过太湖东岸，抵达浙江嘉兴，最终南到杭州。 单看这些地名，就能想象这段运河两岸的风景有多美！

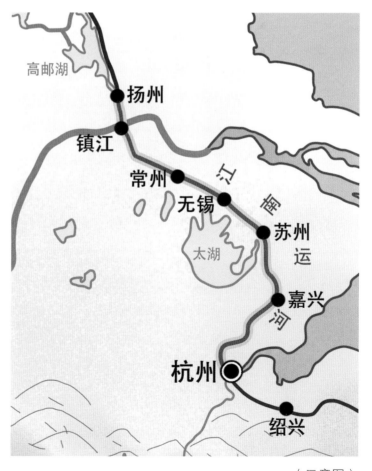

〔示意图〕

乐·京口北固亭怀古》都是在这里写下的。

而"瓜洲"是长江中的沙洲，在镇江斜对面，属于扬州。它相当险要，一度是兵家必争之地。"闻鸡起舞"的东晋名将祖逖（tì）北伐时，曾在江中击楫（jí，船桨），慷慨发誓："不能清中原而复济者，有如大江！"这个故事的"背景板"，据说就是瓜洲。

到了唐朝，瓜洲成了热闹的城镇，漕运和盐运在这里交汇。然而清朝中后期，由于长江左岸向北移，瓜洲无可挽回地一点点坍塌入江中，直到完全消失。

一提到镇江，大家必定会想到《白蛇传》，它几乎被各个戏曲剧种演绎过，也被反复改编成电影。故事中，白娘子和法海和尚打斗、水漫金山那一幕就发生在这里的金山寺。

公元前210年，秦始皇下令调遣三千名犯人，顺应丘陵地势，开凿了自镇江到丹阳的丹徒水道。大运河镇江段的基本走势，就是那时候确定的。

京口瓜洲一水间

王安石的那首《泊船瓜洲》，让镇江名闻天下："京口瓜洲一水间，钟山只隔数重山。春风又绿江南岸，明月何时照我还？"

"京口"是镇江的古称，王昌龄的《芙蓉楼送辛渐》和辛弃疾的《永遇

乾隆皇帝为什么要南巡？

乾隆皇帝六次"下江南"，第一站都是镇江。他总共为这里写了143首诗。

国家博物馆收藏的《乾隆南巡图》第五卷《金山放船至焦山》，画的就是他欣赏这段长江风光的场景。

在影视剧里，乾隆皇帝是一位风流倜傥（tì tǎng）的帝王，喜欢江南的美景、美食、美人！事实上，他六下江南可不光为了这些，更是为了巩固自己的统治：视察治河工程和海塘（为防止海潮侵袭而修筑的堤岸）、笼络读书人、检阅驻扎江南的铁骑……

然而和祖父康熙皇帝比起来，他"败家"多了，又是建行宫又是搜罗贡品，哪怕给了百姓减免积欠钱粮之类的"恩典"，也把大家祸害得不轻。

四库七阁

《四库全书》是中国古代规模最大的丛书，由乾隆皇帝主持，纪昀等360多位官员、学者花了13年时间编撰（zhuàn）而成。共分经、史、子、集四部，所以称为"四库"。

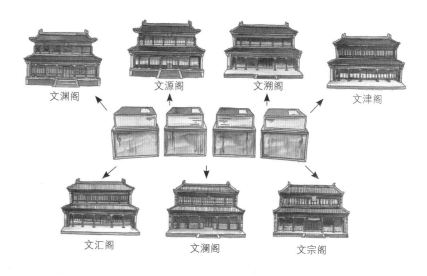

文渊阁　文源阁　文溯阁　文津阁

文汇阁　文澜阁　文宗阁

《四库全书》编好以后，誊（téng）抄了七份，分别珍藏在北京故宫的文渊阁、圆明园的文源阁、沈阳故宫的文溯阁、承德避暑山庄的文津阁、扬州大观堂的文汇阁、杭州圣因寺的文澜阁、镇江金山寺的文宗阁。

你注意到了吗？文宗阁是唯一不带三点水旁的！

那里还珍藏着包括《钦定古今图书集成》在内的许多典籍，允许江南士子进去查阅和抄写，算得上一座"公共图书馆"。

然而，道光二十二年（公元1842年），鸦片战争当中，英军侵占镇江，战火中藏书受损。咸丰三年（公元1853年），太平军从瓜洲攻占镇江，《四库全书》和文宗阁一起化成灰烬，留下了永远的遗憾。

历史悠久的造船基地

古时候，"海上丝绸之路"和运河上来来往往的大小船只，不少是在镇江"出生"的。

早在新石器时代，这里的人们就会将大树干挖空，做成独木舟。到了六朝，南方政权注重发展水军，镇江是位置关键的"海门"，造船场的规模越来越大。

在唐朝，镇江叫润州，是承担造船任务的十二州之一，有本事在很短时间里交出大批楼船。南宋时期，这里的造船技术全国领先。

到了元明清，镇江能造的船品种可太多了：军用的福船、马船、多桨船，民用的渡船、粮船、商船、驿船……郑和下西洋用的船，有相当一部分来自镇江。

杏花春雨的江南自古被称作"水乡"，河湖纵横，小桥流水，水路比陆路还多，为什么还要费力开凿运河呢？为的是将这些水路连通起来，四通八达，出行更加方便。所以整条大运河上，最热闹的要数江南运河，直到今天，它还充满活力，忙得不亦乐乎：运输、灌溉、防洪排涝、居民用水、水产养殖、旅游……

苏州位于江南运河与娄江的交汇处，挨着太湖和长江，向来是水陆交通枢纽。

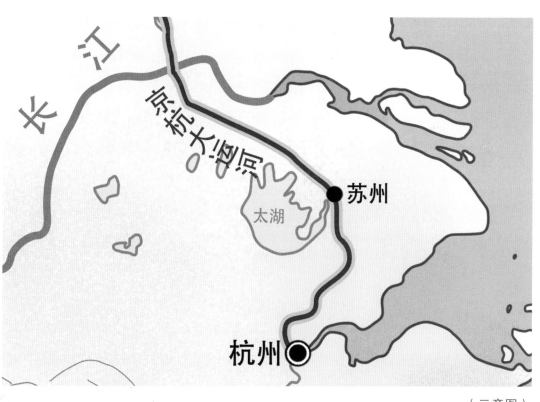

（示意图）

明清时期，苏州被誉为"江南首郡"，和北京、佛山、汉口并称"天下四聚"，是全国数一数二的粮食市场、丝棉织品贸易中心，苏绣、苏扇、玉雕、桃花坞年画等艺术品技艺精湛，美轮美奂，几乎占据了全国手工艺的半壁江山。要是没有运河，这一切都难以想象。

水陆并行的双棋盘格局

苏州一直保持着"水陆并行、河街相邻"的双棋盘格局，古城东北角的平江历史文化街区展现得最明显：车马能走的地方船就能走，"粉墙黛瓦"的人家都枕在河上，道不尽的缠绵风光。

抵达苏州以后，运河水不光流进了护城河，还融进了水网——它的骨架是"三横四直"的主干河道，分出许多"毛细血管"，滋养全城。走过了这一圈，水才重新聚拢，汇入运河，继续南行。

"月落乌啼霜满天，江枫渔火对愁眠。姑苏城外寒山寺，夜半钟声到客船。"

唐朝诗人张继的这首《枫桥夜泊》，让枫桥和寒山寺声名远扬。深夜抵达的"客船"，正是从运河上开来的。

枫桥镇紧邻运河，明清时期是全国最大的米豆集散地，人们都非常关注那里的行情，把它看成经济形势的"晴雨表"。

别具一格的盘门

说起城门，我们都知道，但是你见过水门吗？当河流穿城而过时，需要在城墙上开一个门，供往来船只出入，称为水门。

在江南一带的古城经常能见到水门，不过，最有特色的要数苏州西南角的盘门。

它有两道水门、两道陆门，是国内外唯一保存完整的水陆并列古城门。同时它外面还有瓮城，古时候水军进进出出都走这里，战略地位相当重要，所以城楼上挂着"吴中锁钥"的牌匾。

在水城门的拱券顶部，能看到绞关石，门是开是合，就由它控制。绞关石不光是防御设施，城里那些河水位太高时，也靠它来泄洪。

苏州园林

苏州是"千桥之城"，也是"园林之城"！大家说，"江南园林甲天下，苏州园林甲江南"。

有代表性的园林，你能数出多少？

拙政园、狮子林、沧浪亭、网师园、留园、环秀山庄、艺圃、耦（ǒu）园、退思园，它们九个都被联合国教科文组织列入《世界遗产名录》。

连看遍天下景致的乾隆皇帝都被苏州园林折服了，"复制"了一座又一座，好随时玩赏。比如说，圆明园和承德避暑山庄里都有狮子林。

中国和西方古典园林有什么区别？

西方古典园林比较规整，经常把花草树木都修剪成老老实实的几何图形。中国古典园林却追求"虽由人造、宛自天开"，透着诗意，像洒脱随性的山水画。

七里山塘

山塘和平江历史文化街区一样，被列入"中国大运河"遗产，包括山塘河和山塘街。

山塘河是白居易担任苏州刺史时下令开凿的，称得上大运河苏州段的主干河道。山塘街原是用挖河的泥土堆成的长堤，人称"白公堤"，后来逐渐发展为繁华的商业街。它们东起阊（chāng）门，西到"吴中第一名胜"虎丘，长3000多米（约7华里），号称"七里山塘"。

清朝画家徐扬的《姑苏繁华图》当中，就能看见热闹得一塌糊涂的山塘，"居货山积，行云流水，列肆招牌，灿若云锦"。

沧浪亭

拙政园

网师园

耦园

西方古典园林

大运河杭州段的主要水源地是钱塘江和西湖。

北宋文学家苏东坡曾赞叹"欲把西湖比西子，淡妆浓抹总相宜"，然而西湖的"美貌"并不完全是天生的！如果打理得不够勤快，它就可能变成混浊的死水，甚至阻断航道，让大运河形同虚设。

疏浚过西湖的名人可真不少！白居易筑堤加大蓄水量、苏东坡清除杂草和淤泥、明朝杨孟瑛"拆迁"了圈占湖面的房屋和农田……现在我们看到的白堤、苏堤和杨公堤，就是纪念他们三位的。

杭州是在隋朝"起飞"的，先前不过是滨海小城，江南河、钱塘江和浙东运河连通以后，才变成让人刮目相看的商业口岸。

907年，唐朝灭亡以后，号称"海龙王"的地方将领钱镠（liú）建立了吴越国，定都杭州。要不是他兴修"捍海塘"，解决了要命的钱塘江水患，杭州想当"人间天堂"可没那么容易。

北宋时期杭州的姿容，看柳永的这首《望海潮》就够了："烟柳画桥，风帘翠幕，参差十万人家。云树绕堤沙，怒涛卷霜雪，天堑（qiàn）无涯。市列珠玑，户盈罗绮，竞豪奢。重湖叠巘（yǎn）清嘉，有三秋桂子，十里荷花……"

定都临安的南宋能把小日子过得有声有色，也是由于运河，无论输送钱粮、传达政令、调兵遣将，还是做国内外生意，都离不开它，算得上朝廷的"生命线"。

提灯走桥

拱宸桥是京杭大运河的终点。它是一座三孔石拱桥，始建于明朝崇祯四年（公元1631年），清朝光绪十一年（公元1888年）重修。

附近的桥西历史文化街区曾经是杭州最繁华的商业区，出现过"楼后饮伴联游袂（mèi），湖上归人散醉襟"的北关夜市，被列入"中国大运河"遗产。现在的"水上巴士"也会路过这里，坐一趟，就像是在绵绵烟水里温习了一遍大运河的前世今生。

古时候，江南元宵节普遍有"提灯走桥"的风俗，祈求消灾除病，这也是由于大运河上桥实在多，已经彻底融入了人们的日常生活。

六和塔

杭州六和塔跟通州燃灯塔、临清舍利塔、扬州文峰塔并称"运河沿线四大名塔"。

它坐落在钱塘江边的月轮山上，北宋开宝三年（公元970年），末代吴越王钱弘俶（chù，钱镠的孙子）为了镇压潮水，捐出园子造了这座宝塔。它顶上的明灯整夜高照，替赶路的大船小船指示方向。

直到今天，六和塔都是观潮的好去处。

钱塘江潮为什么格外大？

像大海一样，钱塘江口也有非常明显的涨潮、退潮现象，农历每月初一、十五各有一次大潮，每年春分、秋分附近潮头更高，特别是八月十八日，用苏东坡的话来说，"壮观天下无"。这是为什么呢？除了地球和月球、太阳之间的万有引力，还和钱塘江口的地形有关。

钱塘江口像个喇叭，外宽内窄、外深内浅。一旦大量潮水涌进，江面就会迅速升高。而且，入海口横亘着一道沙坎，海水被拦住，跑不快了，后浪推前浪，层层相叠，陡然形成"水墙"。

浙江沿海夏秋爱刮东南风，和潮水的方向差不多一样，更是"推波助澜"。

浙东运河也叫杭甬（yǒng）运河，西起杭州市，流经绍兴市，东到宁波市甬江入海口，全长239千米。

它以曹娥江（钱塘江支流）为界，西段又名"萧绍运河"，东段北边一支也叫"虞姚运河"，南边一支也叫"四十里河"。

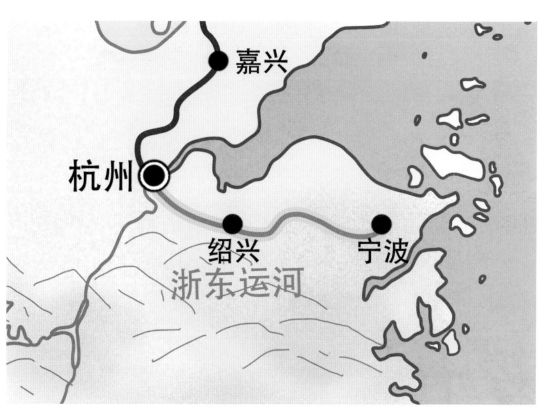

（示意图）

浙东运河的前身是春秋晚期的山阴故水道，位于绍兴市境内。它是越王勾践下令开凿的，目的是替灭吴做准备，和邗沟一起见证了那段金戈铁马的历史。

到了西晋，会稽内史贺循在此基础上修建西兴运河，打通了整个浙江北部的水网。

南宋迁都临安之后，浙东运河成为为朝廷服务的航线，地位上升，因此繁盛。

浙东唐诗之路

浙江东部历史悠久、人杰地灵、山清水秀，诗人爱到那里扎堆游览，于是走出了一条闻名遐迩的"浙东唐诗之路"，沿途留下了1500多首诗。李白的《梦游天姥（mǔ）吟留别》是其中的杰出代表。

"浙东唐诗之路"离不开运河——从钱塘江出发，顺着运河到绍兴，或者从鉴湖到绍兴，再顺着运河到曹娥江，然后沿曹娥江逆流而上，经剡（shàn）溪去天台山。

我们熟悉的诗人，有多少在这条仙气飘飘的水路上留下过名篇：李白、杜甫、孟浩然、崔颢（hào）、王维、孟郊、白居易、元稹（zhěn）……

"浙东唐诗之路"是继丝绸之路、茶马古道之后的又一条文化古道。

以一当十的八字桥

绍兴是著名的"水乡"，也被誉为"桥乡"，"桥桥相映，水屋相连"，全市现存的古桥有600多座。

最有个性的要数八字桥。它始建于南宋，因为"两桥相对而斜，状如八字"而得名。

八字桥

曲水流觞

每逢上巳（sì）节（曹魏以后，通常是农历三月初三），古人会结伴去水边沐浴，称为"祓禊（fú xì）"，还采摘兰草，祈福消灾，后来又增加"曲水流觞"、郊游踏青的活动。

看，这里的房屋排列得多密，交通问题多复杂！要是没法拆改，只能在一丁点儿空间内修桥，该怎么办呢？

八字桥因地制宜，结构非常精巧，兼顾了美观和实用。为了跨越三条河流、连接四方道路，它没有采用传统的"一"或"H"形设计，而是四面落坡，相当于一座"立交桥"，能顶好几座桥用，纤道和行人互不干扰，想往哪边去都方便。

诗情画意的纤道

"白玉长堤路，乌篷小画船。有山多抱墅，无水不连天。"清朝诗人齐召南笔下的"长堤路"指的就是纤道，是萧绍运河上的一大"特产"，历史可以追溯到唐朝。

它是供拉纤人走的路，用青石铺成，有的沿着河岸，有的傍着桥墩（纤夫可从桥洞下拉纤而过），有的飞架水上，像长虹卧波，如诗如画。

纤道

"曲水流觞"的玩法：坐在弯弯绕绕的水渠两边，在上游放酒杯，让它们顺流而下，停在谁面前，谁就拿起来喝掉，并且写诗。

最著名的"曲水流觞"是东晋永和九年的那次，大书法家王羲之邀请谢安等四十一位名士在兰亭聚会，饮酒赋诗，为了纪念它，王羲之将诗稿结集，并写下了"天下第一行书"《兰亭集序》。兰亭就在绍兴，曾经托起酒杯的潺潺流水也融入了运河，时隔千年，温柔不改。

　　直到2009年，浙东运河才被纳入"中国大运河"团队。它像一条纽带，将陆上和海上丝绸之路连在了一起，**宁波**则是上面的关键节点。

　　海上丝绸之路兴起于汉朝，中唐以后成为国内外贸易交流的主通道，重要港口除了宁波，还有广州、泉州、漳州、福州、扬州，等等。

唐宋时期，宁波叫明州。到了明朝，由于避讳国号，才改了名字。

明州港是海上丝绸之路的起点之一，去高丽（现在的朝鲜半岛）、日本、东南亚、波斯湾的船都挺多，桅杆林立，风帆遮天蔽日。

北宋真宗咸平二年（公元999年）设立了明州市舶司，管理海上对外贸易，相当于现在的海关。到了南宋，对丢掉大半领土的小朝廷来说，这笔税收关系国家命脉。

如今，宁波舟山港依然是内河和海上航运的连接点，也是全球首个年货物吞吐量超10亿吨的大港。

三江口

除了浙东运河，宁波还有甬江、余姚江和奉化江。它们汇聚，形成了交通枢纽——三江口。跟天津类似，宁波老城也是从这里生长起来的。

永丰库遗址的陶瓷

南宋的常平仓、元朝的永丰库、明朝的宏济库，三个朝代的重要库房都在同一个位置，离鼓楼不远，属于宁波闹市区。官府征收的赋税、罚没的赃物，都堆放在这里。

考古学家发掘永丰库遗址时，出土了形形色色的陶瓷——有来自国内各大窑口的，像浙江的越窑和龙泉窑、江西的景德镇窑和吉州窑、福建的磁灶窑、北方的钧窑和磁州窑；也有"外来户"，像光彩熠熠的波斯孔雀蓝釉陶片。

不光陶瓷，无数丝绸、香药、珠宝、五金制品等，也在这里短暂相聚，然后坐上船，各奔天涯。

东晋 盘口壶

波斯陶片

唐代 越窑 圆足盆

唐代 青铜私印 文房私印

宋代 影青观音头像　　宋代 吉州窑 剪纸贴花盏　　元代 福建窑 影青瓷碟

元代 铜权

庆安会馆

庆安会馆既是海商、船工们聚会听戏的地方，也是供奉妈祖的"天后宫"，建筑上装饰着一千多件朱金木雕、砖雕、石雕（它们并称"三雕"，是浙东特产），雕有各路神仙、戏曲人物，也有山水楼台和花鸟，活灵活现。

妈祖是东南沿海百姓崇拜的神灵，原名林默娘，家乡是福建莆田湄（méi）洲岛，在救助遭遇船难的水手时献出了生命。在海上讨生活的大家相信，妈祖可以保佑航行顺利，如果碰到风浪，呼唤她，就能躲过灭顶之灾。

自南宋起，朝廷不断给妈祖加封，由"灵惠夫人"一直到"天妃""天后"。中国有八大"天后宫"，位于运河沿线的除了庆安会馆，还有天津的天后宫，妈祖庙里最偏北的就是它。

天一阁

中国现存最早的藏书楼"天一阁"，是兵部右侍郎范钦在明朝嘉靖四十年（公元1561年）创建的。他立下了"代不分书、书不出阁"的遗训，子孙也制定了详细严格的规矩，小心翼翼地不让珍贵的藏书散失。

纸张最怕火灾。它名字的寓意是"天一生水，地六成之"，屋顶也用黑瓦，象征着"以水克火"。

前面提到的"四库七阁"，都仿照了天一阁的模样。

大运河如何变成今天的样子？

大运河从开始修建到现在已经过了2400多年，在悠悠岁月中，它经历了很大的变化，从一段或数段沟渠，慢慢延长、拓宽、拉直、连接、疏通，才发展成今天的样貌。

因为地理条件的差异、历史背景的不同，每段运河都有着不一样的故事和经历。大运河的发展，大概可以分成三个阶段——

第一阶段始于春秋战国，诸侯争霸，竞相开凿运河，运输粮草和士兵，虽说时兴时废、规模比较小，然而跟天然河流串起来，也慢慢形成了连接大半个中国的水路网。

除了前面提到的邗沟、山阴故水道、丹徒水道，关键的运河还有魏国开凿的鸿沟。

鸿沟，让黄河跟淮河支流颍（yǐng）水相通，流经河南开封，是兵家必争之地。项羽和刘邦就曾经立约，以鸿沟为界中分天下。棋盘上的"楚河汉界"就是这么来的。

汉朝建立以后，也利用这一水系将粮食运往京城。鸿沟的主水道叫汴渠，王景治理黄河时顺道将它系统整修了一下，为隋朝的通济渠打好了基础。

东汉末年，曹操在华北平原上开凿了白沟、平虏渠、利漕渠等，连通了黄河跟海河水系，它们是南运河和卫河的前身。

第二阶段始于隋朝，第一次实现南北大贯通。

隋文帝杨坚为了南下伐陈，在邗沟基础上开凿了山阳渎，让淮安和扬州之间的水运更加便捷。

他的儿子杨广继位后，把年号定为"大业"，意思是"伟大的事业"。他真心想做一个有作为的好皇帝，也干了不少轰轰烈烈的大事。先是迁都洛阳，然后以洛阳为中心点，向南北两个方向开掘运河，以便更好地管理国家、发展经济。

他当然不是从零干起，而是开挖新河道，疏通旧河道，将那些断断续续的运河串起来。

大业元年（公元605年），杨广征调百万民夫开凿通济渠，连上邗沟、江南河，流经淮安、扬州，一直到达杭州。

大业四年，他又下令开凿永济渠，目的是征讨辽东高句丽（gōu lí）。永济渠南引黄河水，直达涿（zhuō）郡，就是今天的北京西南一带。

于是，浩浩荡荡的隋代大运河诞生了，贯通南北，全长2700余千米。两岸垂柳依依，粮仓密布，河面上的船只络绎不绝，非常壮观。

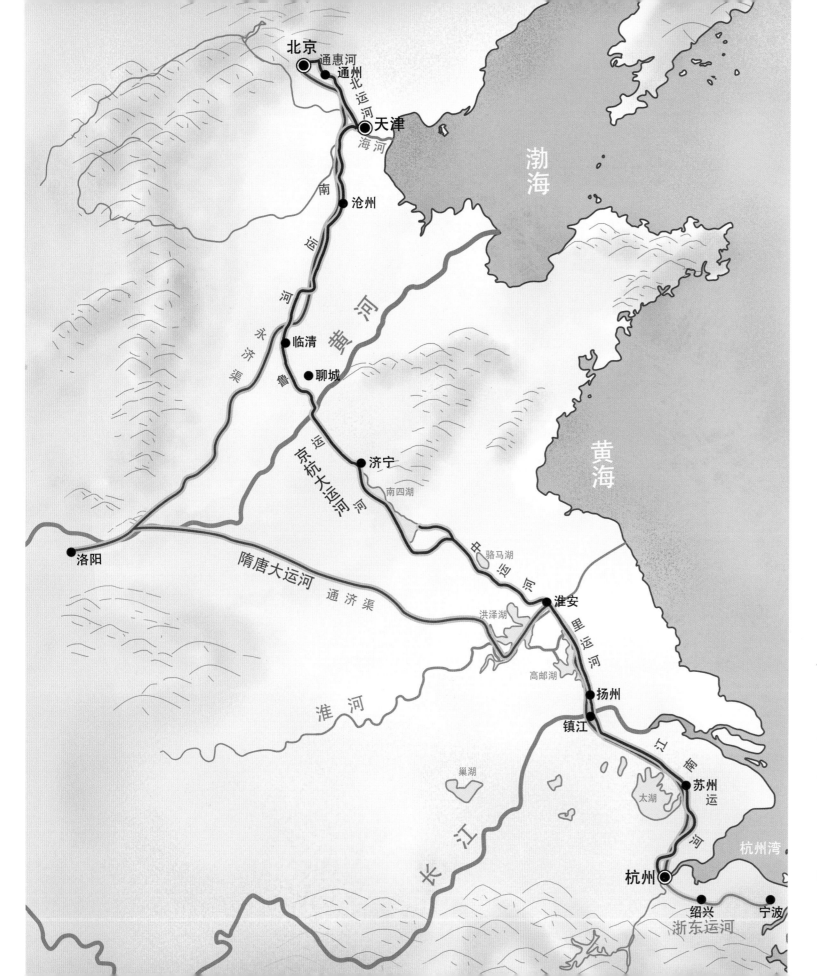

北京
通惠河
通州
北运河
天津
海河
南
运河
沧州
河
黄
永济渠
临清
鲁
聊城
运
京杭大运河
河
济宁
南四湖
洛阳
隋唐大运河
中运河
骆马湖
通济渠
淮安
洪泽湖
里运河
高邮湖
扬州
淮河
镇江
巢湖
江南运河
苏州运
太湖
河
杭州湾
杭州
绍兴
宁波
浙东运河
长江

渤海
黄海

杨广太好大喜功了，把事情全赶在一块儿做，恨不得一口就吃成胖子，根本没考虑百姓是不是吃得消，而且极度奢华铺张，所以折腾十几年就败光了家底、丢了性命，哪怕"功在千秋"，终究"罪在当世"。死后还顶着个"炀帝"的谥号，是说他昏庸无道。

前人栽树，后人乘凉，隋朝匆匆谢了幕，唐朝和宋朝却尝足了大运河的甜头。大运河不仅是物资运输的通道，更是文化交流的长廊，"载"来了中国历史上的黄金期。

晚唐诗人皮日休也算是给隋炀帝和大运河说了句公道话："尽道隋亡为此河，至今千里赖通波。若无水殿龙舟事，共禹论功不较多。"

第三阶段始于元朝，完成了第二次南北大贯通。

北宋晚期，战火不断，黄河又屡屡泛滥，大运河被冲断、淤塞，一直没修好，只能"将就着用"。

忽必烈统一全国以后，开凿鲁运河、通惠河，从根本上改变了淮河以北大运河的走向，成就了"京杭大运河"。

（示意图）

55

漕运是怎么回事？

根据东汉许慎的《说文解字》，"漕，水转谷也"，意思是水运粮食。

漕运就是由国家组织，通过水路把专门物资（主要是充当赋税的"皇粮"）运输到首都，或者其他政治、军事要地。它开始于秦朝统一中国以后，到清末才停止，延续了两千多年。

漕运的成本相当高，然而不能光算经济账。它是朝廷手里一张很有分量的牌，同政局的稳定、战争的输赢、百姓的日子息息相关。中国之所以能长久维持"大一统"，离不开漕运的贡献。

唐朝定都长安，关中虽然是"沃野"，然而实在太狭小，养活不了这么多张嘴。

更麻烦的是，从洛阳顺着黄河运粮得经过三门峡，"中流砥柱"就在那里，非常危险，一不小心就会船毁人亡，只能改走艰苦的陆路，损耗大到离谱。

一旦收成不乐观，皇帝就会打好包袱，带着文武百官浩浩荡荡去洛阳，所以被吐槽成"逐粮天子"——其实就是高配版的逃荒。

要是没有东南每年漕运的几百万石粮食，唐朝根本维持不下去。德宗在位时关中一度闹饥荒，宫里的屯粮都不够吃十天的。贞元二年（公元786年），之前受阻的汴渠又畅通了，江淮的3万斛（hú，量器，在唐代，1斛约1石，3万斛约合现在的1800吨）米成功送了进来。德宗知道以后，激动地对太子说："吾父子得生矣！"

在元朝，漕运也可以走海路。这样能避开黄河决口、运河淤塞的难题，并且时间短、成本低。然而海上风浪大、不确定因素多，对船只的要求也高。

到了明清，对大运河的依赖程度史无前例，不仅漕粮，京城里连扫帚之类的小东西都是从江南运来的。有官员在奏章里打了这样的比方："国计之有漕运，犹人身之有血脉"。

粮食从生产出来，到端上京城人们的餐桌，大致要经过征收、运输、交仓三步。

颗粒饱满、有光泽的粮食

掺杂使假的粮食

虽然干净，但细碎、发黄的粮食

✔ ✘ ✘

漕粮不是想当就能当！负责验收的监兑官对质量要求可高了，只挑那些干燥洁净、没有任何掺杂使假的新粮，这样才不容易霉坏。

供应漕粮的省份，主要有浙江、江西、湖广、南直隶（现在的江苏、上海、安徽一带）、河南和山东等。

一开始，漕粮运输归民间负责，由各地粮长护送，后来改由军方押运，慢慢形成了专门的团队，"编制"足有十二三万人。

在清朝，靠漕运吃饭的大小官吏可真不少——

漕运总督衙门设在淮安，河道总督衙门设在济宁；

北京和通州都有仓场衙门和坐粮厅，供应漕粮的省份也都有粮道衙门……

他们沿着运河层层"揩油"，任何勒索的机会都不放过。百姓得喂饱这帮"硕鼠"，负担越来越沉重。

漕运总督

漕运总督衙门（淮安）

河道总督

河道总督衙门（济宁）

总督仓场侍郎

仓场衙门（通州）

漕运是怎样衰落的？

咸丰元年（公元1851年），太平天国运动爆发，很快席卷东南，卡断了漕运。战争期间，运河沿线许多城市遭受沉重打击，不复先前繁华。

雪上加霜的是，咸丰五年，黄河在河南兰考县铜瓦厢（现在叫东坝头）决口，跟运河在山东聊城张秋镇以南交叉。运河被搅得一塌糊涂，基本荒废，山东段有些地方慢慢淤成了平地。

无奈之下，朝廷只能将征收漕粮改成征收银钱，或者委托商船走海路北运。

光绪二十七年（公元1901年），清政府下令停止运河漕运。光绪三十年，撤废漕运总督，漕运正式画上了句号。

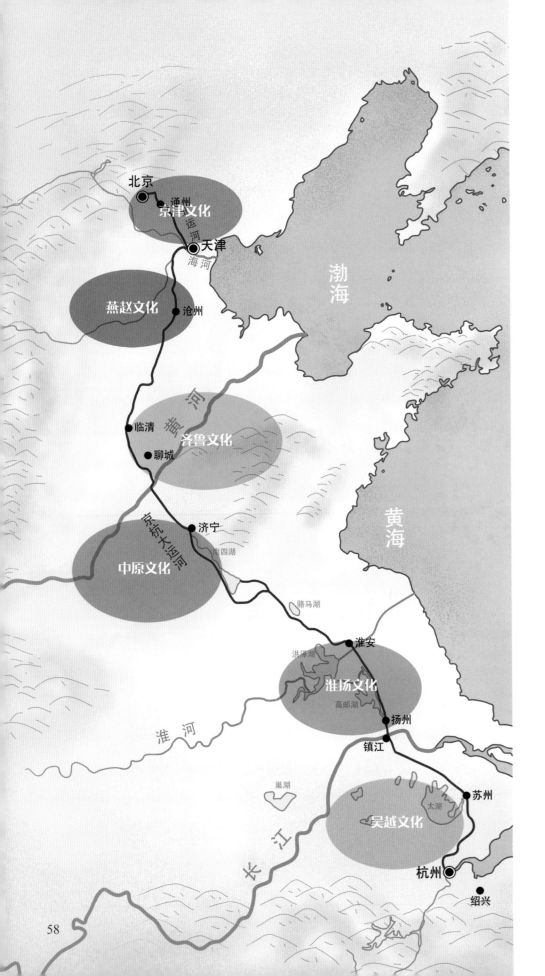

流动的运河文化

大运河是"流动的文化"。有学者说，一部运河史，就是半部中华文明史。它不单单是一条河，更是一种生活方式。

运河文化的内涵，可以分成技术文化、制度文化、社会文化三大类。

技术文化，就是指怎样开凿、疏通、维护、整修运河，包括引水工程、蓄水系统、防灾系统等。它是在数千年的实践中淬炼出来的，不知凝聚了多少代人的心血和才智，水平在世界上一直名列前茅。

制度文化，就是前面提到的河道与漕运管理。这个精巧的体系运转了好几百年，用无数汗水和默默的付出，撑起了南北优势互补的中国。

关于社会文化，能讲的就更多了：运河城市的兴起、商贸的欣欣向荣、风土人情的互相渗透、保留到今天的400多项国家级非物质文化遗产……

可以说，如果没有大运河，汴梁就不会成为繁华的东京，淮安也不会成为南北水陆交会的九省通衢，扬州更不会成为盐商的"销金窟"……

大运河文化最根本的特征，是交流。它贯穿京津、燕赵、齐鲁、中原、淮扬、吴越六大文化圈，让碰撞与融合变成了可能。中华文化由"多元"走向"一体"，离不开大运河。

现在的戏曲"版图"，就是大运河帮忙奠定的。

明清时期，昆山腔沿着大运河北上，在全新的土壤上扎下了根。想象一下那幅画面吧：粼粼波光中，依稀能听见婉转的戏腔。到了大码头，这些跑江湖的班子就停船唱上几场，把南边的缠绵烟雨传播到一方更开阔更肃杀的天地。

昆山腔就是昆曲，直到清朝中叶，它都以"正声"的堂皇姿态，君临戏曲舞台。

昆曲《牡丹亭》

公元1790年，乾隆皇帝八十大寿。来自扬州的三庆班沿着大运河进京贺寿，一登台就赢得了满堂彩。它和后来进京的四喜班、春台班、和春班都以安徽籍艺人为主，并称"四大徽班"。

之后几十年里，徽班不断在大运河流域巡演，终于打磨出了博采众家之长、被誉为"国粹"的京剧。

我们熟悉的"四大名著"全是在大运河沿线诞生的。

前面已经提到了临清在《水浒传》里的亮相。事实上，藏龙卧虎的梁山泊正是运河水系的一部分。

京剧《霸王别姬》

《西游记》作者吴承恩的家乡，是"襟吴带楚客多游，壮丽东南第一州"的运河重镇淮安。

《西游记》

《红楼梦》

《红楼梦》更不得了！从"最是红尘中一二等富贵风流之地"的苏州、充当物资集散中心的南京，到通州张家湾、北京西山黄叶村，曹雪芹一家四代人都同运河有着不解之缘。体现在小说里，林黛玉自扬州出发，进金陵贾府，走的就是运河。

《水浒传》

《三国演义》作者罗贯中可能出生在山东东平，就位于运河上。写这本书的时候，他沿着运河来来回回，在淮安、杭州都生活过挺长时间。

《三国演义》

自晚清起，大运河因天灾人祸一度落寞，又让铁路抢了风头，不少河道形同虚设。然而经过几十年的现代化治理，它成功"重生"——北方段部分恢复航运，济宁以南的870多千米一年到头保持畅通。

"申遗"成功以后，它更是旧貌换新颜，在已然天翻地覆的世界里再一次找到了自己的位置，由历史流向未来。